LUDWIG VAN BEETHOVEN

IN FULL SCORE

DOVER PUBLICATIONS, INC.

NEW YORK

BEEFIDE97
12.95

Published in Canada by General Publishing Company, Ltd., 30 Lesmill Road, Don Mills, Toronto, Ontario.
Published in the United Kingdom by Constable and Company, Ltd.

Aus rechtlichen Gründen darf dieses Werk nicht im Gebiet der Bundesrepublik Deutschland und West-Berlin angeboten und/oder verkauft werden.
For legal reasons this title cannot be offered or sold in the Federal Republic of Germany and West Berlin.

This Dover edition, first published in 1984, is an unabridged republication of the work as published by C. F. Peters, Leipzig, n.d., as publication no. 5484. The first printing of this edition was in 1870. The frontmatter, originally in German, has been translated especially for this Dover edition.

Manufactured in the United States of America
Dover Publications, Inc., 31 East 2nd Street, Mineola, N.Y. 11501

Library of Congress Cataloging in Publication Data

Beethoven, Ludwig van, 1770–1827.
 [Fidelio (1814)]
 Fidelio.

 Reprint. Originally published: Leipzig : C. F. Peters, 1870.
 Libretto by J. Sonnleithner and F. Treitschke, based on Léonore, by J. N. Bouilly.
 1. Operas—Scores. I. Sonnleithner, Joseph Ferdinand, 1766–1835. II. Treitschke, Georg Friedrich, 1776–1842. III. Bouilly, Jean Nicolas, 1763–1842. Léonore.
IV. Title.
M1500.B416F5   1984   84-755927
ISBN 0-486-24740-6

FIDELIO

Opera in Two Acts

Libretto by Joseph Sonnleithner and Friedrich Treitschke, freely adapted from the French of J. N. Bouilly.

Music by Ludwig van Beethoven.

Premiered: in the first version, November 20, 1805, Vienna; in the second version, March 29, 1806, Vienna; in the third (present) version, May 23, 1814, Vienna.

Dramatis Personae

Don Fernando, a minister of state	*Bass.*
Don Pizarro, commandant of a royal prison	*Bass.*
Florestan, a prisoner	*Tenor.*
Leonore, his wife, using the name Fidelio	*Soprano.*
Rocco, chief jailer	*Bass.*
Marzelline, his daugher	*Soprano.*
Jaquino, a turnkey	*Tenor.*

Political prisoners, captain and officers, guards, townspeople.

The action takes place in a Spanish royal prison, a few miles from Seville.

———

CONTENTS

Ouvertüre

zu der Oper **Fidelio**
Op. 72.

L. van Beethoven.

Allegro.

Violonc. e Basso. pizz.

Allegro.

ERSTER AUFZUG.

Der Hof des Staatsgefängnisses. Im Hintergrunde das Hauptthor und eine hohe Wallmauer, über welche Bäume hervorragen. Im geschlossenen Thore selbst ist eine kleine Pforte, die für einzelne Fussgänger geöffnet wird. Neben dem Thore das Stübchen des Pförtners. Die Coulissen, den Zuschauern links, stellen die Wohngebäude der Gefangenen vor; alle Fenster haben Gitter, und die mit Nummern bezeichneten Thüren sind mit Eisen beschlagen und mit starken Riegeln verwahrt. In der vordersten Coulisse ist die Thüre zur Wohnung des Gefangenwärters. Rechts stehen Bäume mit eisernen Geländern eingefasst, welche, nebst einem Gartenthor, den Eingang des Schlossgartens bezeichnen.

Erster Auftritt.
Marzelline. Jaquino.

(Marzelline plättet vor ihrer Thüre Wäsche, neben ihr steht ein Kohlenbecken, in dem sie den Stahl wärmt. Jaquino hält sich nahe bei seinem Stübchen; er öffnet die Thüre mehreren Personen, die ihm Packete übergeben, welche er in sein Stübchen legt.)

№ 1. DUETT.

So sprich nur, ich hö-re ja zu, ich hö-re ja zu, ich hö-re ja

Ein Wörtchen, du Trotzige, du!

zu.

Wenn _____ du dich nicht in mich schickest, verstopf'

Wenn _____ du mir nicht freundlicher blickest, so bring' ich kein Wörtchen hervor.

Das ist ja doch klar.

stehst du?   Und,   und wenn mir   dein Ja - - wort nicht

So   sind wir ein Paar..   Recht schön, du be-

feh - let,   was meinst du?   Wir könn-ten in we - nigen Wo-chen

Bassi.

lang! (Jaquino öffnet die Pforte, nimmt ein Packet ab, und legt
es in sein Stübchen; unterdessen fährt Marzelline fort.)

Ich weiss, dass der Ar - me sich

Fang!

Bassi.

quä-let, es thut mir so leid auch um ihn, um ihn! Fi - de - li - o,

Vcl. pp Bassi.

Fi - de - li - o hab' ich ge - wäh - let, ihn lie - - - ben ist sü - sser Ge -

winn, ihn, ja ihn lie - - ben ist sü - sser Ge - winn. (zurückkommend)

Wo war ich?

Ich muss ja so hart mit ihm sein, er hofft_ bei dem mindesten Schein.

_ ten geht ein.

So,

so wirst du dich nim-mer, nim-mer be-keh-ren? Was meinst du? Wie? dich

Du könntest nun gehn!

Un poco più Allegro.

Klang, es wurde zu To-de, zu To - de mir bang, zu To - de mir bang,zu To - - de,zuTode mir

lang,wer weiss, wer weiss, ob es mir nicht ge - lang,wer weiss,ob es mir nicht ge-lang,ob es mir nicht ge-

Presto.

bang.

lang?

Jaquino.

Wenn ich diese Thüre heute nicht schon zweihundertmal aufgemacht habe, so will ich nicht Caspar Eustach Jaquino heissen. (Zu Marzelline.) Endlich kann ich doch einmal wieder plaudern. (Man pocht.) Zum Wetter! Schon wieder!—(Geht um zu öffnen.)

Marzelline
(auf der Vorderbühne).

Was kann ich dafür, dass ich ihn nicht mehr so gern wie sonst haben kann?

Jaquino
(zu dem, der gepocht hat, indem er hastig zuschliesst).

Ich werde es besorgen. Schon recht! (Vorgehend, zu Marzelline.) Nun hoffe ich, soll uns Niemand stören.

Rocco
(ruft im Schlossgarten).

Jaquino! Jaquino!

Marzelline.

Hörst du, der Vater ruft!

Jaquino.

Lassen wir ihn ein wenig warten. Also, auf unsere Liebe zu kommen—

Marzelline.

So geh' doch, der Vater wird sich nach Fidelio erkundigen wollen.

Jaquino (eifersüchtig).

Ei freilich, da kann man nicht schnell genug sein.

Rocco (ruft wieder).

Jaquino! Hörst du nicht?

Jaquino (schreiend).

Ich komme schon. (Zu Marzelline.) Bleib' fein hier, in zwei Minuten sind wir wieder beisammen. (Ab in den Garten, dessen Thüre offen steht.)

Zweiter Auftritt.

Marzelline (allein).

Der arme Jaquino dauert mich beinahe,— kann ich es aber ändern? Ich war ihm sonst recht gut, da kam Fidelio in unser Haus, und seit der Zeit ist alles in mir und um mich verändert. Ach! (Sie seufzt verschämt.) Aus dem Mitleiden, das ich mit Jaquino habe, merke ich erst, wie sehr gut ich Fidelio bin. Ich glaube auch, dass Fidelio mir recht gut ist, und wenn ich die Gesinnungen des Vaters wüsste, so könnte bald mein Glück vollkommen werden.

№ 2. ARIE.

Andante con moto.

Poco più Allegro.

(Sie seufzt und legt die Hand auf die Brust.)

wenn ich nicht er - rö-then muss ob ei - - nem war - men Herzenskuss, wenn nichts uns stört auf Er-den

Bassi.

Die Hoff - nung schon er - füllt die Brust mit un - aus - sprech-lich

sü - sser Lust; wie glücklich will ich werden, wie glücklich will ich wer-den! Die

Hoff - nung schon er-füllt die Brust mit unausseprech - lich süsser Lust; wie glücklich, glücklich ja, wie

Tempo I.

glück - lich will ich wer - den!

Vcl.

C.B.

Bassi.

In Ru - he stil - ler Häus - lichkeit er - wach' ich je - den

Mor - gen, wir grü - ssen uns mit Zärt - lichkeit, der Fleiss _____ verscheucht die

Sor - gen. Und ist die Ar - beit ab - gethan, dann

schleicht die hol - de Nacht heran, dann ruh'n wir von Beschwerden.

(Wie oben.)

Die

Poco più Allegro.

Hoff - nung schon er - füllt die Brust mit un - aus - sprech - lich sü - sser Lust; wie

glücklich will ich werden, wie glück - lich will ich wer - den! Die

Hoff - nung schon erfüllt die Brust mit un-aussprech - lich süsser Lust; wie glücklich, glücklich, ja, wie

Più moto.

glück - lich will ich werden! Die Hoffnung schon erfüllt die Brust mit un - aus - sprech - lich sü - sser

Lust; wie will ich glück-lich, wie

will ich glück-lich wer - - den, ja, wie will ich glück - - lich, glück - lich

werden!

Dritter Auftritt.

Marzelline. Rocco. Jaquino
(trägt Gartenwerkzeug hinter Rocco her und in's Haus).

Rocco.

Guten Tag, Marzelline! Ist Fidelio noch nicht zurückgekommen?

Marzelline.

Nein, Vater!

Rocco.

Die Stunde naht, wo ich dem Gouverneur die Briefschaften bringen muss, die Fidelio abholen sollte; ich erwarte ihn mit Ungeduld.

(Während der letzten Worte Rocco's wird an der Pforte gepocht.)

Jaquino
(kommt aus Rocco's Haus).

Ich komme schon, ich komme schon.

(Läuft geschäftig, um aufzuschliessen.)

Marzelline.

Er wird gewiss so lange bei dem Schmiede haben warten müssen. (Sie hat währenddessen Leonore zur Thür hereinkommen erblickt. Mit Lebhaftigkeit.) Da ist er ja! da ist er!

Vierter Auftritt.

Vorige. Leonore.

(Sie trägt ein dunkles Wamms, ein rothes Gilet, dunkles Beinkleid, kurze Stiefeln, einen breiten Gürtel von schwarzem Leder mit einer kupfernen Schnalle; ihre Haare sind in eine Netzhaube gesteckt. Auf dem Rücken trägt sie ein Behältniss mit Lebensmitteln, auf den Armen Ketten, die sie beim Eintreten an dem Stübchen des Pförtners ablegt; an der Seite hängt ihr eine blecherne Büchse an einer Schnur.)

Marzelline (auf sie zulaufend).

Wie er belastet ist! — Lieber Gott! der Schweiss läuft ihm von der Stirne.

(Sie nimmt ihr Schnupftuch und versucht ihr das Gesicht abzutrocknen.)

Rocco.

Warte, warte.

(Er hilft mit Marzelline ihr das Behältniss vom Rücken nehmen; es wird beim Bogengange links niedergesetzt.)

Jaquino
(bei Seite — auf der Vorderbühne).

Es war auch nothwendig, so schnell aufzumachen, um den Patron da hereinzulassen.

(Geht in sein Stübchen, kommt aber bald wieder heraus, macht den Geschäftigen, sucht aber eigentlich Marzelline, Leonore und Rocco zu beobachten.)

Rocco (zu Leonore).

Armer Fidelio, diesmal hast du dir zu viel aufgeladen.

Leonore
(vorgehend und sich das Gesicht abtrocknend).

Ich muss gestehen, ich bin ein wenig ermüdet.—Der Schmied hatte auch an den Ketten so lange auszubessern, dass ich glaubte, er würde nicht damit fertig werden.

Rocco.

Sind sie jetzt gut gemacht?

Leonore.

Gewiss; recht gut und stark. Keiner der Gefangenen wird sie zerbrechen.

Rocco.

Wie viel kostet alles zusammen?

Leonore.

Zwölf Piaster ungefähr.— Hier ist die genaue Rechnung.

Rocco
(durchgeht die Rechnung).

Gut, brav! — Zum Wetter, da gibt es Artikel, auf die wir wenigstens das Doppelte gewinnen können!— Du bist ein kluger Junge.— Ich kann gar nicht begreifen, wie du deine Rechnungen machst.— Du kaufst alles wohlfeiler als ich.— In den sechs Monaten, seit ich dir die Anschaffung der Lebensmittel übertragen habe, hast du mehr gewonnen, als ich vorher in einem ganzen Jahre. (Bei Seite.) Der Schelm gibt sich alle diese Mühe offenbar meiner Marzelline wegen.

Leonore.

Ich suche zu thun, was mir möglich ist.

Rocco.

Ja, ja, du bist brav; man kann nicht eifriger, nicht verständiger sein. Ich habe dich aber auch mit jedem Tage lieber, und— sei versichert, dein Lohn soll nicht ausbleiben.—

(Er wirft während der letzten Worte wechselnd Blicke auf Leonore und Marzelline.)

Leonore (verlegen).

O glaubt nicht, dass ich meine Schuldigkeit nur des Lohnes wegen—

Rocco.

Stille!— (Mit Blicken wie vorher.) Meinst du, ich kann dir nicht in's Herz sehen?—

(Er scheint sich an der zunehmenden Verlegenheit Leonorens zu weiden, und geht dann bei Seite, um die Ketten zu betrachten.)

№ 3. QUARTETT.

(Nach Eudigung dieses Canons geht Jaquino in seine Stube zurück.)

Rocco.
Höre, Fidelio, wenn ich auch nicht weiss, wie und wo du auf die Welt gekommen bist, und wenn du auch gar keinen Vater gehabt hättest, so weiss ich doch, was ich thue — ich — ich mache dich zu meinem Tochtermann.

Marzelline (hastig).
Wirst du es bald thun, lieber Vater? —

Rocco (lachend).
Ei, ei, wie eilfertig! — (Ernsthafter.) So bald der Gouverneur nach Sevilla gereist sein wird, dann haben wir mehr Musse. — Ihr wisst ja, dass er alle Monate hingeht, um über alles, was hier in dem Staatsgefängnisse vorgeht, Rechenschaft zu geben. — In wenigen Tagen muss er wieder fort, und den Tag nach seiner Abreise geb ich euch zusammen. — Darauf könnt ihr rechnen.

Marzelline.
Den Tag nach seiner Abreise! — Das machst du recht vernünftig, lieber Vater!

Leonore
(schon vorher sehr betreten, aber jetzt sich freudig stellend).
Den Tag nach seiner Abreise? (Bei Seite.) O, welche neue Verlegenheit!

Rocco.
Nun, meine Kinder, ihr habt euch doch recht herzlich lieb! nicht wahr? Aber das ist noch nicht alles, was zu einer guten vergnügten Haushaltung gehört, man braucht auch —
(Er macht die Geberde des Geldzählens.)

Nº 4. ARIE.

Kummer stellt sich ein.

Doch wenns in den Taschen fein klingelt und rollt, da

hält man das Schicksal ge - fan - - gen; und Macht und Liebe verschafft dir das Gold und stillet das kühnste Ver-

Tempo I.

langen, das kühnste Ver - langen,   und stillet das   kühn-ste Ver - langen.   Das Glück dient wie ein Knecht für Sold, es

ist ein schönes, schönes Ding das Gold, das   Gold,   es ist ein   schönes Ding, das   Gold, ein goldnes,

gold _ _ _ nes Ding, das Gold, das Gold.   Wenn sich

Nichts mit Nichts ver - bindet, ist und bleibt die Summe klein;   wer bei Tisch nur Lie _ be

Tempo I.

Gold.　es ist ein mäch-tig Ding, das Gold, ein mächtig, mäch-tig

Ding, das Gold, das Gold,　es ist ein mäch-tig Ding,　das Gold, das Gold.

Leonore.

Ihr könnt das leicht sagen, Meister Rocco; aber ich, ich behaupte, dass die Vereinigung zweier gleich gestimmten Herzen die Quelle des wahren ehelichen Glückes ist. — (Mit Wärme.) O dieses Glück muss der grösste Schatz auf Erden sein. (Sich wieder fassend und mässigend.) Freilich gibt es noch etwas, was mir nicht weniger kostbar sein würde; aber mit Kummer sehe ich, dass ich es durch alle meine Bemühungen nicht erhalten werde.

Rocco.

Und was wäre denn das?

Leonore.

Euer Vertrauen. — Verzeiht mir diesen kleinen Vorwurf; aber oft sehe ich euch aus den unterirdischen Gewölben dieses Schlosses ganz ausser Athem und ermattet zurückkommen; warum erlaubt ihr mir nicht, euch dahin zu begleiten? Es wäre mir sehr lieb, wenn ich euch bei eurer Arbeit helfen, und eure Beschwerden theilen könnte.

Rocco.

Du weisst doch, dass ich den strengsten Befehl habe, niemanden, wer es auch sein mag, zu den Staatsgefangenen zu lassen.

Marzelline.

Es sind ihrer aber gar so viele in dieser Festung! — Du arbeitest dich ja zu Tode, lieber Vater!

Leonore.

Sie hat recht, Meister Rocco. — Man soll allerdings seine Schuldigkeit thun. (Zärtlich.) Aber es ist doch auch erlaubt, meine ich, zuweilen daran zu denken, wie man sich für die, die uns angehören und lieben, ein bischen schonen kann. (Sie schliesst eine seiner Hände in die ihrigen.)

Marzelline

(Rocco's andere Hand an ihre Brust drückend).

Man muss sich für seine Kinder zu erhalten suchen.

Rocco

(sieht beide gerührt an).

Ja, ih habt recht, diese schwere Arbeit würde mir doch endlich zu viel werden. Der Gouverneur ist zwar sehr streng, er muss mir aber doch erlauben, dich in die geheimen Kerker mit mir zu nehmen. (Leonore äussert eine heftige Geberde der Freude.) Unterdessen gibt es ein Gewölbe, in das ich dich wohl nie werde führen dürfen, obschon ich mich ganz auf dich verlassen kann.

Marzelline.

Vermuthlich, wo der Gefangene sitzt, von dem du schon einigemal gesprochen hast, Vater?

Rocco.

Du hast's errathen.

Leonore (forschend).

Ich glaube, es ist schon lange her, dass er gefangen ist?

Rocco.

Es ist schon über zwei Jahre.

Leonore (heftig).

Zwei Jahre, sagt ihr? (Sich fassend.) Er muss ein grosser Verbrecher sein —

Rocco.

Oder er muss grosse Feinde haben; das kommt ungefähr auf eins hinaus.

Marzelline.

So hat man denn nie erfahren können, woher er ist, und wie er heisst? —

Rocco.

O wie oft hat er mit mir von allem dem reden wollen!

Leonore.

Nun?

Rocco.

Für unser einen ist's aber am besten, so wenig Geheimnisse als möglich zu wissen; darum hab' ich ihn auch nie angehört. Ich hätte mich verplappern können, und ihm hätt' ich doch nicht genützt. (Geheimnissvoll.) Nun, er wird mich nicht lange mehr quälen, dieser! — Es kann nicht mehr lange mit ihm dauern.

Leonore (bei Seite).

Grosser Gott!

Marzelline.

Lieber Himmel, wie hat er denn eine so schwere Strafe verdient? —

Rocco

(noch geheimnissvoller).

Seit einem Monate schon muss ich auf Pizarro's Befehl seine Portion kleiner machen. Jetzt hat er binnen vierundzwanzig Stunden nicht mehr als zwei Unzen schwarzes Brot und eine halbe Maass Wasser; kein Licht, als den Schein der Lampe — kein Stroh mehr — nichts —

Marzelline.

O lieber Vater, führe Fidelio ja nicht zu ihm, diesen Anblick könnt' er nicht ertragen.

Leonore.

Warum denn? — Ich habe Muth und Stärke!

Rocco

(sie auf die Schulter klopfend).

Brav, mein Sohn, brav! — Wenn ich dir erzählen wollte, wie ich anfangs in meinem Stande mit mir zu kämpfen hätte! — Und ich war doch ein ganz anderer Kerl, als du mit deiner feinen Haut und deinen weichen Händen.

№ 5. TERZETT.

Muth, dann wird's dir auch ge-lin-gen; das Herz wird hart durch Gegen-wart bei fürch-ter-lichen Dingen.

(Mit Kraft.)
Ich ha-be Muth! Mit kal-tem-Blut, mit kaltem Blut will ich hinab mich wa-gen.

Für ho - hen Lohn ___ kann Lie - be schon auch ho - he Leiden, ho -

(zärtlich)
Dein gu - tes Herz ___ wird man - chen

- - he Lei - den tra - gen.

wer _ den glück_lich sein, wir werden glücklich, glücklich . sein!

kann noch glück_lich sein, ich kann noch glücklich, glücklich sein!

wer _ det glück_lich sein, ihr wer_det glücklich, glücklich sein!

Du wirst mir

Der Gouver _ neur, der Gouver_neur soll heut' er _ lauben, dass du mit mir die Ar _ beit

Allegro molto.

Rocco.
Aber nun ist's Zeit, dass ich dem Gouverneur die Briefschaften
überbringe. (Marsch.) Ah, er kommt selbst hierher. (Zu Leonore.) Gib
sie mir, Fidelio, und dann entfernt euch!

Leonore
(nimmt die an einem Bande hängende Blechbüchse ab, gibt sie Rocco, und geht
dann mit Marzelline in das Haus).

Nº 6. MARSCH.

Fünfter Auftritt.

Rocco. Pizarro. Offiziere. Wachen.

(Während des zuvor begonnenen Marsches wird das Hauptthor durch Schildwachen von aussen geöffnet. Offiziere ziehen mit einem Detachement ein,
dann kommt Pizarro, das Thor wird wieder geschlossen.
Unter der Musik.)

Pizarro
(zu den Offizieren).

Drei Schildwachen auf den Wall, zwölf Mann Tag und Nacht
an der Zugbrücke; eben so viele gegen den Garten zu; — und
Jedermann, der sich dem Graben der Festung nähert, werde
sogleich vor mich gebracht.

Erster Offizier.

Gut, Herr Gouverneur!

(Die Musik schweigt.)

Pizarro (zu Rocco).

Ist etwas Neues vorgefallen?

Rocco.

Nein, Herr!

Pizarro.

Wo sind die Depeschen?

Rocco
(nimmt Briefe aus der Blechbüchse).

Hier sind sie.

Pizarro
(öffnet die Papiere und durchgeht sie).

Immer Empfehlungen oder Vorwürfe. — Wenn ich auf Alles
das achten wollte, würde ich nie damit zu Ende kommen. — (Hält
bei einem Briefe an.) Was seh' ich? — Mich dünkt, ich kenne diese
Schrift. — Lass sehen — (Er öffnet den Brief, geht weiter auf der Bühne
vor, Rocco und die Wache ziehen sich mehr zurück.)

Pizarro (liest).

„Ich gebe Ihnen Nachricht, dass der Minister in Erfahrung
gebracht hat, dass die Staatsgefängnisse, denen Sie vorstehen,
mehrere Opfer willkührlicher Gewalt enthalten. — Er reis't mor-
gen ab, um Sie mit einer Untersuchung zu überraschen. Seien Sie
auf Ihrer Hut, und suchen Sie sich sicherzustellen." — (Betreten.)
Gott, wenn er entdeckte, dass ich diesen Florestan in Ketten
liegen habe, den er längst todt glaubt; ihn, der so oft meine
Rache reizte, der mich vor dem Minister enthüllen, und mir seine Gunst entziehen wollte! — Doch es gibt ein Mittel. — (Rasch.)
Eine kühne That kann alle Besorgnisse zerstreuen!

Nº 7. ARIE mit CHOR.

Ha! welch'ein Augenblick! Die Ra - che werd' ich küh - len! Dich. dich rufet dein Ge-

schick! In seinem Her - - - zen wüh - len, o Won - ne, gro - sses Glück, in seinem Herzen wühlen, o Wonne, o

mor_den!　　　　　　　　　Ha!　　　Ha!　　welch'ein Augenblick! Die Ra_chewerd'ich

kühlen!Dich, dich rufet dein Geschick! In seinem Her_ _ zen wühlen, o Won_ ne, o

Won - - - - ne,gro - sses Glück! Schon war ich

nah. im Stau - be, dem lau - - ten Spott zum Rau-be, da-

hin, da - hin ge - streckt zu sein. Nun,

nun ist es mir ge - wor - den. den Mör - der selbst zu mor - den. in seiner letz - ten Stunde. den

Stahl in sei - ner Wunde, ihm noch in's Ohr zu schrei'n: Tri-umph! Triumph! Tri - umph!

der Sieg der Sieg ist mein! (halblaut unter sich)

Tenore I.II.

CHOR DER WACHE.

Basso.

Er _ spricht von Tod und

Er spricht von Tod und

Pizarro.

Ich darf keinen Augenblick säumen, alle Anstalten zu meinem
Vorhaben zu treffen! Heute soll der Minister ankommen! Nur die
grösste Vorsicht und Schnelle können mich retten! — (Zu dem Offizier)
Hauptmann, hören Sie! (Er führt ihn auf die Vorderbühne und spricht leise mit
ihm.) Besteigen Sie mit einem Trompeter sogleich den Thurm. —
Sehen Sie unablässig und mit der grössten Achtsamkeit auf die
Strasse von Sevilla. — Sobald Sie einen Wagen, von Reitern begleitet,
diesem Schloss sich nähern sehen, lassen Sie augenblicklich durch
den Trompeter ein Signal geben. — Verstehen Sie, augenblicklich
ein Signal! — Ich erwarte die grösste Pünktlichkeit; Sie haften mir
mit Ihrem Kopf dafür. — (Der Hauptmann geht ab. Zur Wache.) Fort, auf
eure Posten! — (Die Wache geht. Zu Rocco.) Rocco! —

Rocco.

Herr!

Pizarro
(betrachtet ihn eine Weile aufmerksam: für sich).

Ich muss ihn zu gewinnen suchen. — Ohne seine Hilfe kann ich
es nicht ausführen. — Komm näher!

N⁰ 8. DUETT.

Dem Staa - te liegt da - ran, den bö - sen Un - terthan schnell, schnell aus dem Weg zu

räu - men. Du stehst noch an? du stehst noch an? Er darf nicht län - - ger le - ben, sonst

O Herr'! O Herr! Die Glie - der fühl' ich be - ben, wie

ei - le rasch und munter zu je - - nem Mann hin - un - ter, du weisst, du weisst _

Der kaum mehr lebt, und wie ein Schat - - ten

Corni in A.

und er verstummt!   Er sterb'in seinen Ketten,   zu kurz war seine Pein!   Sein Tod nur kann mich

Ver-hungernd in   den Ketten,   er-trug er lan - ge Pein.   Ihn töd-ten heisst   ihn

pizz.   Vel. arco   pizz.C.B.

a 2.

ret-ten,   dann werd'ich ru-hig sein. Jetzt,   Al-ter, jetzt hat es   Ei-le! Hast du mich ver-standen? Du giebst ein

ret-ten, der Dolch   wird ihn be-frei'n.   Bassi.

ru - - - hig, ru - - - hig sein.

(Pizarro ab gegen den Garten, Rocco folgt ihm.)

Dolch wird ihn be - frei'n.

Sechster Auftritt.

Leonore (tritt in heftiger innerer Bewegung von der andern Seite auf und sieht den Abgehenden mit steigender Unruhe nach).

No 9. RECITATIV und ARIE.

Komm,Hoffnung, lass den letzten Stern, den letzten

Stern der Müden nicht er - blei - chen! O komm er - hell, erhell'mein Ziel,sei's noch so fern, so

Colla parte.

Allegro con brio.

Lie - - - - be, die Liebe wird's er - rei - - chen.

Ich folg' dem innern Triebe, ich wan-ke nicht, mich stärkt die Pflicht der treuen Gat -

-ten-lie-be, ich wan - - ke nicht, nein, ich wan - ke nicht, mich stärkt die Pflicht der

treuenGatten-lie-be. O du, für den ich alles trug, könnt' ich zur Stel-le dringen,wo Bosheit

Più lento.   Colla parte.   Tempo I.

dich in Fesseln schlug,— und sü - -ssenTrost dir brin - - -gen! O du, für den ich

al - les trug, könnt' ich zurStel - le dringen, wo Bosheit dich in Fesseln schlug, könnt' ich zurStel - le dringen!

Ich folg' dem innern Triebe, ich wan-ke nicht, mich stärkt die Pflicht der treuen

Gat - - - ten-lie - be; ich folg' dem innern Trie-be, ich wan - ke

nicht, nein, nein, ich wan - ke nicht, mich stärkt die Pflicht der treuen Gat - - -

-ten-liebe!

(Ab gegen den Garten.)

ad libit.

Siebenter Auftritt.
Marzelline. Jaquino.
(Marzelline kommt aus dem Hause, Jaquino ihr nach.)
Jaquino.
Aber Marzelline _

Marzelline.
Kein Wort, keine Silbe! Ich will nichts mehr von deinen albernen Liebesseufzern hören, und dabei bleibt es.

Jaquino.
Wer das gesagt hätte, als ich mir vornahm, mich recht ordentlich in dich zu verlieben. Da war ich der gute, der liebe Jaquino an allen Orten und Ecken. Ich musste dir den Stahl in den Ofen legen, Wäsche in Falten schlagen, Päckchen zu den Gefangenen bringen, kurz alles thun, was ein ehrbares Mädchen einem ehrbaren Junggesellen erlauben kann. Aber seit dieser Fidelio _

Marzelline (rasch einfallend).
Ich laugne nicht, ich war dir gut, aber sieh!_ Ich bin offenherzig, das war keine Liebe: _ Fidelio zieht mich weit mehr an, zwischen ihm und mir fühle ich eine weit grössere Uebereinstimmung.

Jaquino.
Eine Uebereinstimmung mit einem solchen hergelaufenen Jungen, der Gott weiss woher kommt, den der Vater aus blossem Mitleid am Thore dort aufgelesen hat, der _ der _

Marzelline (ärgerlich).
Der arm und verlassen ist, und den ich doch heirathe!

Jaquino.
Glaubst du, dass ich das leiden werde? He, dass es ja nicht in meiner Gegenwart geschieht, ich möchte euch einen gewaltigen Streich spielen.

Achter Auftritt.
Die Vorigen. Rocco. Leonore (aus dem Garten).
Rocco.
Was habt ihr denn beide wieder zu zanken?

Marzelline.
Ach Vater, er verfolgt mich immer.

Rocco.
Warum denn?

Marzelline (zu Leonore laufend).
Er will, dass ich ihn lieben, dass ich ihn heirathen soll.

Jaquino.
Ja, ja, sie soll mich lieben, sie soll mich wenigstens heirathen, und ich _

Rocco.
Stille!_ Ich werd'eine einzige gute Tochter haben, werde sie so gut gepflegt (streichelt Marzelline am Kinn), mit so vieler Mühe bis in ihr sechzehntes Jahr erzogen haben, und das alles für den Herrn da! (Blickt lachend auf Jaquino.) Nein, Jaquino, von deiner Heirath ist jetzt keine Rede; mich beschäftigen andere klügere Absichten.

Marzelline
Ich verstehe, Vater. (Zärtlich leise.) Fidelio!

Leonore.
Brechen wir davon ab. Rocco, ich ersuchte euch schon einigemale, die armen Gefangenen, die hier über der Erde wohnen, in unsern Festungsgarten zu lassen._ Ihr verspracht und verschobet es immer; heute ist das Wetter so schön, der Gouverneur kommt um diese Zeit nicht hierher.

Marzelline.
O ja! Ich bitte mit ihm!

Rocco.
Kinder, ohne Erlaubniss des Gouverneurs? Er ertheilt sie nur an hohen Festtagen, und bei besonders guter Laune. Heute ist keines von beiden.

Marzelline.
Aber er sprach so lange mit euch. Vielleicht sollet ihr ihm einen Gefallen thun, und dann wird er es so genau nicht nehmen.

Rocco.
Einen Gefallen?_ Du hast recht, Marzelline. Auf diese Gefahr kann ich es wagen._ Wohl denn, Jaquino und Fidelio, öffnet die leichteren Gefängnisse. Ich aber gehe zu Pizarro und halte ihn zurück, indem ich (gegen Marzelline) für dein Bestes rede.

Marzelline (küsst ihm die Hand).
So recht, Vater!
(Rocco ab.)

Leonore und Jaquino
(schliessen die wohlverwahrten Gefängnissthüren auf, ziehen sich dann mit Marzelline in den Hintergrund und beobachten mit Theilnahme die nach und nach auftretenden Gefangenen.)

Neunter Auftritt.
Die Vorigen. Chor der Gefangenen.

№ 10. FINALE.

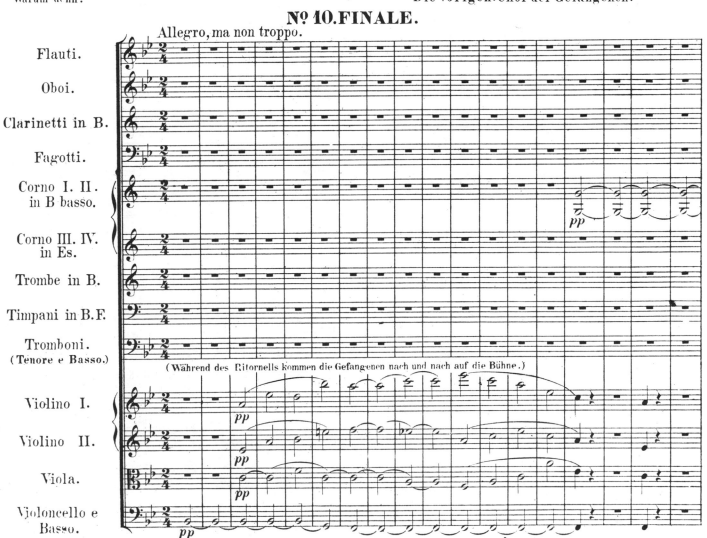

CHOR DER GEFANGENEN.

Le - - ben, der Ker-ker ei-ne Gruft, eine Gruft!_ O welche

Le - ben, Leben, der Ker-ker ei-ne Gruft, eine Gruft!_ O welche Lust, in freier

Le - ben,ist Leben, der Ker-ker ei-ne Gruft, eine Gruft!_ O welche Lust, _____ in freier

hier ist Leben, der Ker-ker ei-ne Gruft, eine Gruft!_ O welche Lust. _____ in freier

Lust, in frei - - er Luft den Athem leicht zu he - ben!Nur hier,nur hier ist

Lust, in frei - - er Luft den Athem leicht zu he - ben!Nur hier,nur hier ist

Luft, in frei - er Luft den Athem leicht zu he - ben!Nur hier,nur hier ist

Luft, o welche Lust, o welche Lust, in freier Luft, in freier Luft!Nur hier, nur hier ist

Vcl.

C.B. cresc.

Lust, o wel - che Lust!

Lust, o wel - che Lust!

Lust, o wel - che Lust!

Lust, o wel - che Lust!

Fl.

Ob.

Fag.

Einer oder Einige von ihnen.

SOLO. Wir wol - len mit Ver-trauen auf Got - tes Hül-fe, auf Gottes Hül-fe bau-en, die Hoffnung flü-stert

(Hier erscheint ein Offizier auf dem Walle und entfernt sich wieder.)

SOLO. Einer.

Sprecht leise, haltet euch zurück! Wir sind belauscht mit Ohr und Blick, wir sind belauscht mit Ohr und

decresc. pp

Alle.

Sprecht lei-se, haltet euch zu-rück! sprecht lei-se, haltet

Sprecht lei-se, haltet euch zu-rück! sprecht lei-se, haltet euch zu-

Sprecht leise, haltet euch zu - rück! sprecht lei-se, haltet euch zu - ruck!

TUTTI.

Blick! Sprecht leise, haltet euch zu - rück! sprecht lei-se, haltet euch zu - rück!

Zehnter Auftritt.
Rocco. Leonore.

Leonore. Nun sprecht, wie ging's?

Rocco. Recht gut, recht gut! Zusammen rafft'ich meinen Muth und trug ihm alles vor; und solltst du's glauben, was er zur Antwort mir gab?— Die Heirath, und dass du mir hilfst, will er era tempo. Allegro molto.

Noch heu - - te, noch heu - - te?

lauben; noch heute führ' ich in die Kerker dich hin - ab.

O welch' ein Glück! o wel - che Wonne!

Ich se - he dei - ne Freude! Nur noch ein Augenblick, dann gehen wir schon

Tromboni Tenore e Basso.

Rocco.

nein! Der Gouver - neur, ___ der Gouverneur kommt selbst hin - ab.   wir Bei - de graben nur das Grab.

Leonore (bei Seite).

Vielleicht das Grab   des Gat - ten graben?   Was kann fürch - ter - li - cher sein,

Rocco.

Ich darf   ihn nicht mit Spei-se laben,   ihm wird im Gra-be besser sein,

Andante con moto. (*Non strascicante. Nicht schleppend.*)

Cor. III. IV. in Es.

was kann fürch - - ter-li-cher sein! Was!

ihm wird im Gra - be bes - ser sein.

Wir müssen gleich zum Wer - ke

schreiten, du musst mir hel - fen, mich be - gleiten; hart, hart ist des Kerkermeisters Brot.

Ich fol - ge dir, wär's in den

Tod. ich fol-ge dir, wär's in den Tod.

In der zer-fal-lenen Ci-ster-ne bereiten wir die Gru-be leicht; ich

thu' es, glaube mir, nicht ger-ne; auch dir ist schau-rig, wie mich deucht?

Ich bin es nur noch nicht ge-

gehen, ich muss ihn sehn, den Armen sehen, und müsst' ich selbst zu Grun - - de gehn!

hier, nein, nein, nein, du bleibst hier!

säu-men wir nun länger nicht, wir folgen un-srer strengen Pflicht, o säu-men wir nun län-ger nicht, wir

säu-men wir nun länger nicht, wir folgen un-srer strengen Pflicht, o säu-men wir nun län-ger nicht, wir

Vcl. Bassi.

Allegro molto.

Elfter Auftritt.

Jaquino und Marzelline (athemlos hereinstürzend).
Vorige.

Marzelline.

Pflicht, ja, unsrer stren - gen, stren - gen Pflicht.

Pflicht, unsrer stren - gen, stren - gen Pflicht.

Zwölfter Auftritt.

Pizarro. Zwei Offiziere. Wachen. Die Vorigen.

Son - nenlicht, wie eil-ten sie zum Son-nenlicht, und schei-den trau-rig wie-der.

zö - gert nicht, ihr hört dasWort, drum zö-gert nicht, kehrt in den Ker-ker wie-der!

zö - gert nicht, ihr hört dasWort, drum zö-gert nicht, kehrt in den Ker-ker wie-der!

zög're nicht, zög-re, zög're länger, län-ger nicht, steig' in den Ker-ker nie-der!

län - ger nicht, nein, Herr, ich zög'-re län-ger nicht, ich stei-ge eilend, eilend nie-der!

licht, du war - mes Son-nenlicht, schnell schwindest du uns wie-der!

licht, du war - mes Son-nenlicht, schnell schwindest du uns wie-der!

eil - ten sie zum Sonnenlicht, zum Sonnenlicht, und schei-den trau-rig wie-der.

hört dasWort,drum zögert nicht, drum zögert nicht, kehrt in den Ker-ker wie-der!

hört dasWort,drum zögert nicht, drum zögert nicht, kehrt in den Ker-ker wie-der!

hört dasWort,drum zögert nicht, drum zögert nicht, kehrt in den Ker-ker wie-der!

hört dasWort,drum zögert nicht, drum zögert nicht, kehrt in den Ker-ker wie-der!

Sonnenlicht, schnell schwindest du uns wie-der, schnell schwindest du uns wie-der!

Sonnenlicht, schnell schwindest du uns wie-der, schnell schwindest du uns wie-der!

nicht!

Frevler?

spricht!

richt.

Pflicht!

bricht!

(Die Gefangenen gehen in ihre Zellen, die Leonore und Jaquino verschliessen.)

bricht!

Ende des ersten Aufzuges.

ZWEITER AUFZUG.

Das Theater stellt einen unterirdischen dunkeln Kerker vor. Den Zuschauern links ist eine mit Steinen und Schutt bedeckte Cisterne; im Hintergrunde sind mehrere mit Gitterwerk verwahrte Oeffnungen in der Mauer, durch welche man die Stufen einer von der Höhe herunterführenden Treppe sieht. Rechts die letzten Stufen und die Thüre in das Gefängniss. Eine Lampe brennt.

Erster Auftritt.

Florestan (allein. Er sitzt auf einem Steine, um den Leib hat er eine lange Kette, deren Ende in die Mauer befestigt ist).

№ 11. INTRODUCTION und ARIE.

158

Lohn. Willig duld' ich al - le Schmerzen, en - de schmäh - lich mei - ne Bahn;

süsser Trost in meinem Her - zen: meine Pflicht hab' ich ge - than! Sü - sser, sü - sser

Trost in meinem Her - zen: meine Pflicht, ja, mei - ne Pflicht hab' ich ge - than!

Duft sich trö-stend zur Sei - te, zur Sei - te mir stellet, ___ ein Engel, Leo - noren, Leo -

noren, der Gattin, so gleich, der, der führt mich zur Freiheit in's himm - - lische Reich.

cresc. poco a poco - - - f dolce

Und spür' ich nicht linde, sanft säu - seln-de Luft? Ich seh', wie ein Engel im

Frei - heit in's himm - - - lische Reich, zur Freiheit, zur Freiheit in's himm - lische Reich, in's himm - lische

Reich, in's himm - - lische Reich.

(Er sinkt erschöpft von der letzten Gemüthsbewegung auf den Felsensitz nieder, seine Hände verhüllen sein Gesicht.)

sempre dim.

sempre dim.

sempre dim.

Vcl. I.

Vcl. II.

Vcl. III.

tutti Vcl.

Zweiter Auftritt.

Rocco. Leonore. Florestan.

(Die beiden Ersteren, die man durch die Oeffnungen bei dem Schein einer Laterne die Treppe herabsteigen sah, tragen einen Krug und Werkzeuge zum Graben. Die Hinterthür öffnet sich und das Theater erhellt sich zur Hälfte.)

№ 12. MELODRAM und DUETT.

Andante con moto.

(Die Hörner halten so lange aus, bis
die Worte vorüber sind.)

pp

Gott steh mir bei,
wenn er es ist!—

Rocco (setzt seine Laterne auf die Trüm-
mer). Hier, unter diesen Trümmern, ist die
Cisterne, von der ich dir gesagt habe.

Vcl.

C.B. pizz.

Wir brauchen nicht viel zu graben,
um an die Oeffnung zu kommen.
Gieb mir eine Haue, und du stelle
dich hieher.

(Er steigt bis an den Gürtel in die Höhlung hinab, stellt
den Krug und legt das Bund Schlüssel neben sich. Leonore
steht am Rande und reicht ihm die Haue.)

Du
zitterst,—

fürchtest
du dich?

Allegro.

Andantino.

Leonore (mit erzwunge-
ner Festigkeit des Tones).

O nein, es ist nur so
kalt.

Rocco (rasch).

So mache fort, im Ar-
beiten wird dir schon
warm werden.

Vcl.

Andante con moto.

Dieses Stück wird durchaus sehr leise gespielt, und die *sf* und *f* müssen nicht zu stark ausgedrückt werden.

nicht zu kla-gen ha-ben, ihr sollt ge - wiss zu-frie-den sein. (Einen grossen Stein an der Stelle, wo er hinabstieg, hebend.)

Komm, hilf, komm,

hilf doch diesen Stein mir he-ben,_ hab Acht!_ hab Acht!_ er hat Ge-

(ebenfalls wieder arbeitend)

Lasst mich nur wie - der Kräf - te ha - ben, wir wer - den bald zu En - de sein.

ein.

Nur hurtig fort,

pizz.

pizz.

(Leonore betrachtet den Gefangenen, während Rocco, von ihr abgewendet, mit gekrümmtem Rücken arbeitet.)
(Leise; für sich.)

Wer du auch sei'st, ich will dich retten, bei Gott! bei Gott! du sollst kein O-pfer

nur frisch gegra - ben, es währt nicht lang, er kommt her - ein, er kommt her - ein.

Leonore.
Er erwacht!

Rocco (plötzlich im Trinken einhaltend).
Er erwacht, sagst du?

Leonore
(in grösster Verwirrung, immer nach Florestan sehend).
Ja, er hat eben den Kopf in die Höhe gehoben.

Rocco.
Ohne Zweifel wird er wieder tausend Fragen an mich stellen. Ich muss allein mit ihm reden.— Nun, bald hat er's überstanden. (Er steigt aus der Grube.) Steig' statt meiner hinab, und räume noch so viel weg, dass man die Cisterne öffnen kann.

Leonore
(sie steigt zitternd ein paar Stufen hinab).
Was in mir vorgeht, ist unaussprechlich.

Rocco (zu Florestan).
Nun, ihr habt wieder einige Augenblicke geruht?

Florestan.
Geruht? Wie fände ich Ruhe?

Leonore (für sich).
Diese Stimme!— Wenn ich nur einen Augenblick sein Gesicht sehen könnte.

Florestan.
Werdet ihr immer bei meinen Klagen taub sein, grausamer Mann?
(Mit den letzten Worten wendet er sein Gesicht gegen Leonore.)

Leonore.
Gott! Er ist's! (Sie fällt ohne Bewusstsein an den Rand der Grube.)

Rocco.
Was verlangt ihr denn von mir? Ich vollziehe die Befehle, die man mir gibt; das ist mein Amt, meine Pflicht.

Florestan.
Saget mir endlich einmal, wer ist Gouverneur dieses Gefängnisses?

Rocco (bei Seite).
Jetzt kann ich ihm ja ohne Gefahr genug thun. (Zu Florestan.) Der Gouverneur dieses Gefängnisses ist Don Pizarro.

Florestan.
Pizarro?— Er ist's, dessen Verbrechen ich zu entdecken wagte.

Leonore (sich allmählich erholend).
O Barbar! Deine Grausamkeit gibt mir meine Kräfte wieder.

Florestan.
O schicket so bald als möglich nach Sevilla, fragt nach Leonore Florestan.

Leonore.
Gott! Er ahnt nicht, dass sie jetzt sein Grab gräbt.

Florestan.
Sagt ihr, dass ich hier in Ketten liege, dass der Barbar Pizarro hier zu gebieten hat.

Rocco.
Es ist unmöglich, sag' ich euch. Ich würde mich in's Verderben stürzen, ohne euch genützt zu haben.

Florestan.
Wenn ich denn verdammt bin, hier mein Leben zu enden, lasst mich nicht langsam verschmachten.

Leonore (springt auf und hält sich an der Mauer fest).
O Gott, wer kann das ertragen?

Florestan.
Aus Barmherzigkeit gib mir nur einen Tropfen Wasser, das ist ja so wenig.

Rocco (bei Seite).
Es geht mir wider meinen Willen zu Herzen.

Leonore.
Er scheint sich zu erweichen.

Florestan.
Du gibst mir keine Antwort?—

Rocco.
Ich kann euch nicht verschaffen, was ihr verlangt.— Alles, was ich euch anbieten kann, ist ein Restchen Wein, das ich im Kruge habe. Fidelio!

Leonore
(den Krug in grösster Eile bringend).
Da ist er! Da ist er!

Florestan
(Leonore betrachtend).
Wer ist das?

Rocco.
Mein Schliesser, und in wenigen Tagen mein Eidam. (Reicht Florestan den Krug; er trinkt.) Es ist freilich nur wenig Wein, aber ich geb' ihn euch gern. (Zu Leonoren.) Du bist ja ganz in Bewegung, du?

Leonore
(in grösster Verwirrung).
Wer sollt' es nicht sein!— Ihr selbst, Meister Rocco—

Rocco.
Es ist wahr— der Mensch hat so eine Stimme—

Leonore.
Ja wohl — sie dringt in die Tiefe des Herzens —

№ 13. TERZETT.

Him - mel hat euch _ mir ge - schickt, o Dank! ihr habt mich süss er _ quickt; ich kann die

Wohl-that, ich kann sie nicht ver - gel - ten, ich kann sie nicht, ich kann sie nicht ver-gelten. (Leise zu Leonore, die er bei Seite zieht.

Ich

(Leise zu Rocco, indem sie ein Stückchen Brot aus der Tasche zieht.)

Dies Stückchen Brot, — ja, seit zwei Tagen trag' ich es

im - mer schon bei mir.

Ich möchte gern, doch sag' ich dir, das hiesse

wirklich zu viel wagen, das hiesse wirklich zu viel wa - gen, zu viel wa - gen, ja. zu viel wagen.

(schmeichelnd)

Ach! Ihr lab - - tet gern den ar-men Mann.

Das geht nicht an, das geht nicht

Brot, du armer, du ar-mer Mann, du armer, du armer Mann!
(Leonorens Hand ergreifend und an sich drückend.)
O Dank dir, Dank, o Dank! o

Dank! o Dank! Euch, euch wer - de Lohn in bes - sern Welten,
Der
Mich

Rocco
(nach augenblicklichem Stillschweigen zu Leonore).
Alles ist bereit; ich gehe das Signal zu geben.
(Er geht in den Hintergrund.)

Leonore.
O Gott, gib mir Muth und Stärke!

Florestan
(zu Leonore, während Rocco die Thür öffnen geht).
Wo geht er hin?
(Rocco öffnet die Thür und gibt durch einen starken Pfiff das Zeichen.)
Ist das der Vorbote meines Todes?

Leonore
(in der heftigsten Bewegung).
Nein, nein!— Beruhige dich, lieber Gefangener!

Florestan.
O meine Leonore!— So soll'ich dich nie wieder sehen?

Leonore
(sie fühlt sich zu Florestan hingerissen, und sucht diesen Trieb zu überwältigen).
Mein ganzes Herz reisst mich zu ihm hin.—(Zu Florestan.) Sei ruhig,
sag'ich dir.—Vergiss nicht—was du auch hören und sehen magst— vergiss nicht, dass überall eine Vorsicht ist—ja—ja—ja es ist eine Vorsicht.—
(Sie entfernt sich und geht gegen die Cisterne.)

Dritter Auftritt.
Vorige. Pizarro
(vermummt in einem Mantel).
Pizarro
(zu Rocco, die Stimme verstellend).
Ist alles bereit?

Rocco.
Ja, die Cisterne braucht nur geöffnet zu werden.

Pizarro.
Gut!— der Jüngling soll sich entfernen.

Rocco
(zu Leonoren).
Geh', entferne dich!

Leonore
(in grösster Verwirrung).
Wer?— Ich?— Und ihr?—

Rocco.
Muss ich nicht dem Gefangenen die Eisen abnehmen?
Geh, geh!
(Leonore entfernt sich in den Hintergrund, und nähert sich allmählich
wieder im Schatten gegen Florestan, die Augen immer auf den Ver -
mummten gerichtet.).

Pizarro
(bei Seite, einen Blick auf Rocco und Leonore werfend).
Die muss ich mir heute noch beide vom Halse schaffen, damit alles auf immer im Dunkeln bleibt.

Rocco
(zu Pizarro).
Soll ich ihm die Ketten abnehmen?

Pizarro.
Nein, aber schliesse ihn von dem Steine los. (Bei Seite.)
Die Zeit ist dringend.
(Er zieht einen Dolch hervor.)

№ 14. QUARTETT.

schworen,   der Tod,   der Tod sei dir ge-schworen!   Durch-boh - ren,durch-

ich   vor einem Weibe beben? So opfr'ich, so opfr' ich bei-de mei-nem Grimm.Getheilt____ hast du,____

(dringt wieder auf sie und Florestan ein)

Vierter Auftritt.

Die Vorigen. Jaquino.
Zwei Offiziere. Soldaten (mit
Fackeln).

(Jaquino, Offiziere und Soldaten erscheinen
an der obersten Gitteröffnung der Treppe.)

Jaquino
(spricht während der oben angezeigten Mu-
sikpause).

Vater Rocco! Der Herr Minister
kommt an. Sein Gefolge ist schon
vor dem Schlossthore.

Rocco
(freudig und überrascht, für sich).

Gelobt sei Gott! (Zu Jaquino sehr laut.)
Wir kommen,— ja, wir kommen augenblicklich. Und diese Leute mit
Fackeln sollen heruntersteigen, und
den Herrn Gouverneur hinauf begleiten.

(Die Soldaten kommen bis an die Thür her-
unter. Die Offiziere und Jaquino gehen
oben ab.)

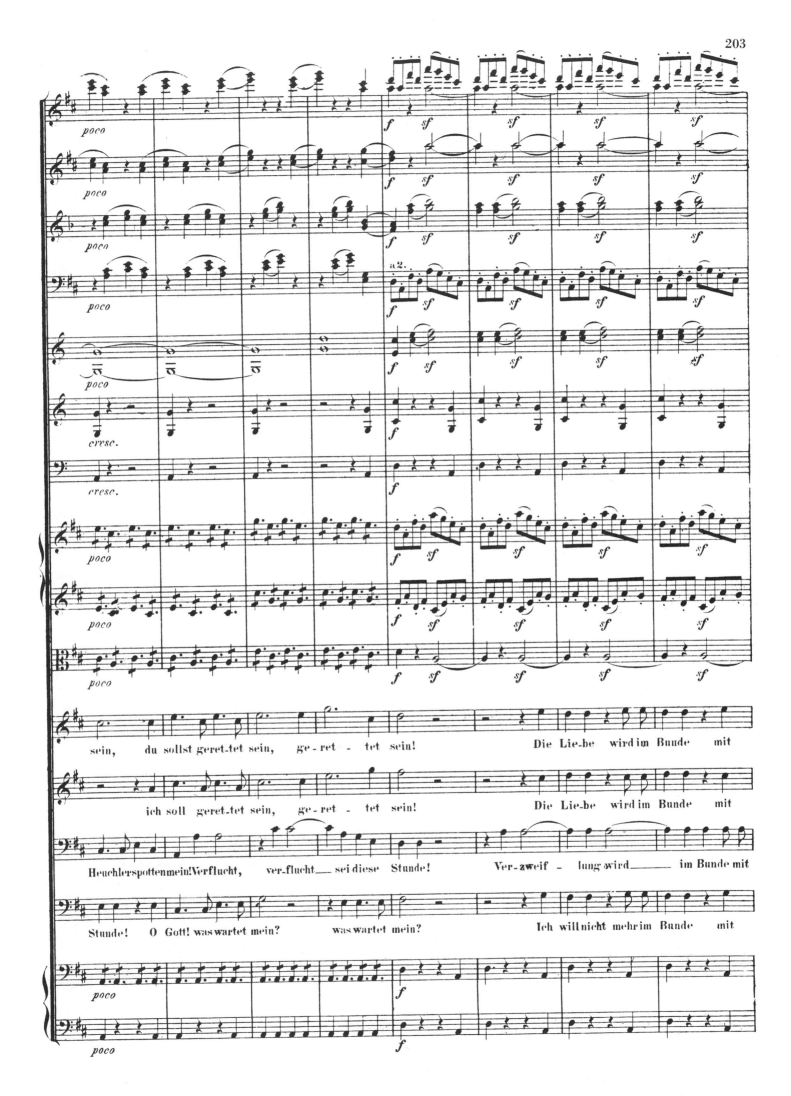

sein, du sollst geret-tet sein, ge-ret - tet sein! Die Lie-be wird im Bunde mit

ich soll geret-tet sein, ge-ret - tet sein! Die Lie-be wird im Bunde mit

Heuchlerspottenmein!Verflucht, ver-flucht___ sei diese Stunde! Ver-zweif - lung wird_____ im Bunde mit

Stunde! O Gott! was wartet mein? was wartet mein? Ich willnicht mehrim Bunde mit

Presto.

(Pizarro stürzt fort, indem er Rocco einen Wink
gibt, ihm zu folgen; dieser benützt den Augenblick, da Pizarro schon geht, fasst die Hände
beider Gatten, drückt sie an seine Brust, deutet
gen Himmel und eilt nach. Die Soldaten leuch-
ten Pizarro voraus.)

frei'n.   Die Lie-be   wird im Bunde   mit   Mu-the dich be - frei'n.

sein! Die Liebe   wird im Bunde   mit   Mu-the mich be - frei'n.

Ver - zweif - lung wird____ im Bun-de mit mei-ner Ra-che - sein!

mein?   Ich will nicht   mehr im Bunde   mit   die-sem Wüthrich   sein!

Fünfter Auftritt.
Leonore. Florestan.
Florestan.
Meine Leonore! Dürfen wir noch hoffen?
Leonore.
Wir dürfen es! Die Ankunft des Ministers, den wir kennen, Pizarro's Verwirrung, und vor allem Vater Rocco's tröstende Zeichen sind mir eben so viele Gründe zu glauben, unser Leiden sei am Ziele und die Zeit unsers Glückes wolle beginnen.
Florestan
Sprich! Wie gelangtest du hierher?

Leonore (schnell).
Ich verliess Sevilla,— ich kam hierher zu Fuss— in Manneskleidern,— der Kerkermeister nahm mich in Dienste— dein Verfolger selbst machte mich zum Schliesser.—
Florestan.
Treues Weib! Frau ohne Gleichen! Was hast du meinetwegen erduldet?!
Leonore.
Nichts, mein Florestan. Meine Seele war mit dir, wie hätte der Körper sich nicht stark gefühlt, indem er für sein besseres Selbst stritt?

№ 15. DUETT.

Sechster Auftritt.
Rocco. Die Vorigen.
Rocco (hereinstürzend).

Gute Botschaft, ihr armen Leidenden. Der Herr Minister hatte eine Liste aller Gefangenen mit sich, alle sollen ihm vorgeführt werden. Jaquino öffnet die oberen Gefängnisse. Ihr allein (zu Florestan) seid nicht erwähnt; euer Aufenthalt hier ist eine Eigenmächtigkeit des Gouverneurs. Kommt, folget mir hinauf! Auch ihr, gnädige Frau! Und gibt Gott meinen Worten Kraft, und lohnt er die Heldenthat der edelsten Gattin, so werdet ihr frei und euer Glück ist mein Werk.

Florestan.

Leonore!

Leonore.

Durch welche Wunder?

Rocco.

Fort, zögert nicht! Oben werdet ihr alles erfahren. Auch diese Fesseln bleiben noch, und sollen euch Mitleid erflehen. Dass sie Pizarro's Fesseln würden!

(Alle drei ab.)

(Verwandlung.)

Siebenter Auftritt.

(Paradeplatz des Schlosses, mit der Statue des Königs. Vom dritten Tact der Musik an marschiren die Schlosswachen auf und bilden ein offenes Viereck. Dann erscheint von einer Seite der Minister Don Fernando, von Pizarro und Offizieren begleitet. Volk eilt herzu. Von der andern Seite treten, von Jaquino und Marzelline geführt, die Staatsgefangenen ein, die vor Don Fernando niederknieen.)

№ 16. FINALE.

Huld im Bun-de, mit Huld im Bun-de, vor unsres Grabes Thor, vor unsres Grabes Thor erscheint!

Huld im Bun-de, mit Huld im Bun-de, vor unsres Grabes Thor, vor unsres Grabes Thor erscheint!

Huld im Bun-de, mit Huld im Bun-de, vor unsres Grabes Thor, vor unsres Grabes Thor erscheint! Heil!

Huld im Bun-de, mit Huld im Bun-de, vor unsres Grabes Thor, vor unsres Grabes Thor erscheint! Heil! Heil!

Huld im Bun-de, mit Huld im Bun-de, vor unsres Grabes Thor, vor unsres Grabes Thor erscheint! Heil!

Huld im Bun-de, mit Huld im Bun-de, vor unsres Grabes Thor, vor unsres Grabes Thor erscheint! Heil! Heil!

Un poco maestoso.

Des besten Kö - nigs Wink und Wil - le führt mich zu euch, ihr Ar - men, her,

dass ich der Fre-vel Nacht ent -hül - le, die All'umfan - gen schwarz und schwer.

(Die Gefangenen stehen auf.)

Nicht, nicht län - - ger knieet sklavisch nie - der, Ty-ran - - nen-stren - - - ge sei mir

fern. Es sucht der Bruder sei - ne Brü - der, und kann er hel-fen, hilft er

Più Allegro.

du ver-lässt uns nicht, du prü-fest, du ___ ver - lässt _____ uns nicht.

du ver-lässt uns nicht, du prü-fest, du ver - lässt _____ uns nicht.

du ver-lässt uns nicht, du prü-fest, du ver - lässt _____ uns nicht.

Du prü-fest, du ver- lässt uns nicht, ver - lässt _____ uns nicht.

du ver-lässt uns nicht, du prü-fest, du ___ ver - lässt _____ uns nicht.

nicht, du prü-fest, du ver-lässt uns nicht, du ver - lässt _____ uns nicht.

nicht, du prü-fest, du ver-lässt uns nicht, du ver - lässt _____ uns nicht.

Presto molto.

mein!

sein.

sein.

sein.

sein.

sein.

sein.

sein

sein.

Vcl.

Basso.

ENDE.